DISCOURS

PRONONCÉ A CHAALONS,

LE TRENTE VENDÉMIAIRE,

JOUR DE LA CÉRÉMONIE FUNÈBRE

CÉLÉBRÉE EN L'HONNEUR

DU GÉNÉRAL HOCHE,

PAR le C.en J. CHARRON, Président de l'Administ.on centrale du Département de la Marne.

A CHAALONS,

Chez PINTEVILLE-BOUCHARD, Imprimeur du Département.

AN 6.e DE LA RÉPUBLIQUE.

DISCOURS

PRONONCÉ A CHAALONS,

LE TRENTE VENDÉMIAIRE,

JOUR DE LA CÉRÉMONIE FUNÈBRE

CÉLÉBRÉE EN L'HONNEUR

DU GÉNÉRAL HOCHE.

Les Corps Administratifs et Judiciaires, la Garde nationale en armes, les Généraux, les Vétérans, et un concours considérable de Citoyens étant placés dans l'édifice destiné aux cérémonies publiques, au milieu duquel était élevée une pyramide surmontée d'une urne funéraire recouverte de crêpes, d'une couronne de lauriers et des marques de dignité du Général; les tambours voilés, roulant lentement, et l'orchestre ayant exécuté une marche lugubre, le Président de l'Administration municipale, après avoir jeté quelques fleurs sur la tombe du Général Hoche, fait lecture du procès-verbal de la cérémonie funèbre qui a eu lieu à Paris, le 10 Vendémiaire ; il s'arrête au discours prononcé dans le Champ de Mars par le Président du Directoire.

Les Administrateurs du Département, et le Commissaire du Directoire exécutif, se lèvent et sont découverts ; les trompettes et la musique commandent un plus grand silence, et le Citoyen Charron, Président de l'Administration Départementale, s'exprime en ces termes :

« Du haut de la voûte éternelle, sur le Tertre auguste destiné par la Patrie reconnaissante, aux cérémonies funèbres et triomphales, Jeune Héros, si tu as laissé tomber quelques-uns de tes regards sur les murs de la grande ville ; si tu as vu ce Peuple immense et consterné mêler ses douleurs à celle de tes plus illustres compagnons d'armes ; si tu as entendu les accens douloureux et touchans de l'un des premiers Magistrats de la République ; si ton Ombre qui plane aujourd'hui sur tout le territoire français, se repose un instant sur cette enceinte, où le seul récit de ton apothéose inspire un si profond recueillement, sans doute que, tressaillant dans le sein de l'Éternel, tu reconnais tout le prix de ton immortalité.

Ils sont loin de toi les nuages dont tes ennemis personnels auraient voulu obscurcir ta gloire ; enveloppé de ses rayons, tu franchis les espaces qui s'écoulent sous tes pieds, et la Vérité qui s'assied sur les tombeaux, dépouillée de tous ses voiles, te présente maintenant à découvert les hommes, les intentions, les volontés et les événemens.

Que cette persuasion est douce ! qu'elle est nécessaire à celui qui respectant tes exploits et tes hautes destinées, mais fidelle observateur de ses devoirs, eut une fois, sans s'y attendre, la glorieuse occasion de te prouver que, Magistrat fidelle, il mérita l'honneur d'être estimé de toi !

Qu'elle est précieuse la certitude où nous sommes que tu lis dans nos cœurs ! Tu sais maintenant combien ils sont profonds, les sentimens d'admiration, de douleur et de reconnaissance que j'éprouve, quand au nom du Peuple de ces vastes contrées, au nom de ses Magistrats, au nom de tous les vrais Républicains, je viens déposer sur ta tombe l'immortel laurier qui croissait dans nos espérances, plutôt pour embellir ton char triomphal, que pour surmonter ton urne funéraire.

Mais attendris, affligés et reconnaissans, si nous déplorons ta perte avec tous les amis de l'humanité dont aux rives Vendéennes tu fus l'exemple et le modèle ; avec tous les Guerriers qui parlent en pleurant de ta vaillance et de ta philantropie ; avec ces Généraux attristés que notre Département possède aujourd'hui, et qui brûlent de te venger en imitant tes vertus ; avec ce Peuple entier qui vient à notre voix honorer ta mémoire, qui de nous en célébrant tes exploits et tes vertus, pourrait atteindre les sublimes hauteurs où nous éleverait leur souvenir ? qui de nous, après avoir donné à ta dépouille mortelle les témoignages de notre profonde sensibilité et de ce respect silencieux que commandent les tombeaux, pourrait assez dignement être l'interprète des publiques douleurs.

Entraînés à un mélancolique recueillement, solitaires au milieu du vaste silence de tout un peuple pensif, si nous interrogeons la muette éloquence des pierres sépulcrales ; si nos pensées descendent dans le sombre empire où la mort est assise parmi les ruines, où les heures fugitives de la vie s'asseyent, s'entassent en un seul point sur les ailes de l'Éternité, sans doute que l'air des tombeaux, *si salutaire pour la vérité, si mortelle pour l'orgueil*, en dessillant les yeux, nous offre le monde tel qu'il est....

Alors, tout en donnant des larmes à la mémoire d'un grand Homme, que la mort semble avoir choisi de préférence, au commencement de sa carrière, nous sentons que si le pleurer est le premier besoin de nos cœurs, envier ses destinées est certainement le second.

En effet, après avoir jeté nos regards sur le sommet sauvage du rocher stérile de la vie, couvert de tant d'orages, si nous parcourons cette scène immense et mobile sur laquelle échouent toutes les espérances humaines, alors le monde et ses misères, les révolutions et leurs douleurs, les grandeurs encore plus qu'autrefois passagères, et leur néant, les réputations et leur nullité, l'esprit humain et ses erreurs, et toutes ces maladies morales et politiques, et toutes ces petites calomnies qui assaillent plus volontiers la vertu et les talens, tout enfin nous présentera les sombres demeures comme un port assuré contre les tempêtes du monde ; sans doute alors, oh! sans doute que nous envierons le sort du Héros que le Ciel vient de ravir à la terre, et que lassés du néant de la vie, nos vœux et nos regards s'élèvent, avec lui, loin de l'orbe éclatant du soleil, jusque dans le sein de l'immortalité.

Immortalité ! bienfait incontestable, aliment des grandes actions et des grandes espérances, récompense infaillible des grands talens et des grandes vertus, sans doute ta couronne d'étoiles resplendit sur le front du Pacificateur de la Vendée.

Mais, Citoyens, qui de nous oserait énumérer les titres qui les lui assurent? quels accens, assez solennels, parleraient de cette audace républicaine, de cette imperturbable vaillance qui le précédaient dans les batailles, au milieu des sables mouvans et jusque sur les flots?

Qui suivrait ses exploits sous les murs de Worms, devant le fort Vauban, sur les lignes de Weissembourg, à Landau et dans le Palatinat?

Qui peindrait enfin cet homme extraordinaire, victime de l'infâme Terreur aux cent bras, de ce monstre toujours renaissant, qui de la fange et du sang dont il est tout couvert, relève encore quelquefois ses têtes hideuses et proscrites? qui le peindrait dans les fers, méditant la seule vengeance digne de son grand cœur, de nouveaux services et de nouveaux triomphes?

Le premier Magistrat de la République française, s'associant à la renommée du Vainqueur de Quiberon et du Rhin, a couvert son urne funéraire de lauriers et de fleurs immortels comme sa Gloire; l'un des fondateurs de la Charte auguste de l'an 3, a sanctionné, pour ainsi dire, l'immortalité du Héros: La Revellière, et toi, Daunou, ne pensez pas que j'ose affaiblir l'émotion touchante que vous avez fait naître, et qui retentira long-temps dans tous les cœurs sensibles!.... non, je n'obscurcirai pas les couleurs natives et pures, dont votre touche antique a couvert vos immortels tableaux: puissent les sentimens généreux, les affections douces, l'amour des vertus, la valeur et le courage que vous avez rappellés dans tous les cœurs, y demeurer long-temps après que vos discours auront passé par ma bouche!

Peuple ! écoutez l'un des premiers Magistrats de la Nation : écoutez-le déplorer la perte du Héros dont vous admirez les destinées. Il s'exprime par ma voix ».

Des applaudissemens nombreux succèdent à la lecture du Discours du Président du Directoire, qui, prononcé d'un ton grave et lent, avait été entendu dans le plus grand silence. Un autre Magistrat lit le Discours du Citoyen DAUNOU, que suivent aussi de nombreux applaudissemens et les cris de Vive la République. L'orchestre exécute un morceau de Musique lugubre et lente; on chante un hymne républicain en honneur du Héros, qui reçoit de justes applaudissemens; enfin le Citoyen CHARRON fait la lecture d'un Chant funèbre, de sa composition; cet Hymne mis en musique par le Citoyen REGNAULT-LAVIGNE, jeune Artiste doué d'autant de zèle que de talent, est chanté par le Citoyen MATHIAS. Les sons déchirans et lugubres, le bruit interrompu des tambours et des trompettes, commandent le silence et la douleur; les Corps constitués se lèvent, marchent autour du Sarcophage; ils déposent sur le tombeau une branche de chêne, au bruit d'une musique religieuse et guerrière, et se retirent en silence.

HOCHE.

La Liberté reconnaissante
L'offre pour modèle aux Soldats.

CHANT FUNÈBRE.

Un nuage sanglant s'étend sur l'hémisphère ;
Il vomit à nos yeux la Mort,
La Mort ! l'affreuse Mort, dont la faux meurtrière
N'obéit qu'à la voix du Sort.
Tremblez, Français : .... elle s'avance !
Son triste vol est incertain !....
O Dieu, protecteur de la France,
Laisse s'accomplir son destin !

Sur la République naissante
Veille toujours, étends ton bras :
Que sa Gloire resplendissante
Sous nos pleurs ne se voile pas !

En vain nous élançons nos plaintes douloureuses
Jusqu'au séjour des Dieux puissants :
Du Rhin la Mort franchit les rives orgueilleuses ;
Le Ciel est sourd à nos accens.
En vain, au printemps de sa vie,

Un Amant de la Liberté
Semble assurer à sa Patrie
La Gloire et la tranquillité !....

La République triomphante
Par son génie et par son bras ;
En ce moment reconnaissante,
N'a plus qu'à pleurer son trépas.

C'ÉTAIT peu d'enchaîner au char de sa Fortune
L'hydre de la Rebellion : (*)
Il allait arracher le trident de Neptune
Aux traîtres enfans d'ALBION.
Tyrans, vous frémissiez d'avance !
Fuyez ! l'ombre du PLÉBÉÏEN,
Dans les Cieux, veille sur la France :
La foudre encore est dans sa main !....

La République est triomphante :
Nos armes vengent son trépas :
LA LIBERTÉ RECONNAISSANTE
L'OFFRE POUR MODÈLE AUX SOLDATS.

J. CHARRON.

(*) La Pacification de la Vendée.

www.ingramcontent.com/pod-product-compliance
Lightning Source LLC
LaVergne TN
LVHW010333230826
846091LV00009B/3856

* 9 7 8 2 0 1 9 9 8 2 9 7 3 *